Gerd Dudenhöffer

OPUSCULA

LYRISCHE GEDICHdE

Eichborn.

4 5 6 02 01 00

Umschlaggestaltung: Moni Port
unter Verwendung einer Fotografie von Andrew Wakeford
Lektora: Doris Engelke
Satz: Fuldaer Verlagsagentur, Fulda
Druck und Bindung: Ebner Ulm
ISBN 3-8218-3536-2

Verlagsverzeichnis schickt gern:
Eichborn Verlag, Kaiserstr. 66
D-60329 Frankfurt am Main
www.eichborn.de

Opusculum I–XCIX

Die Unendlichkeit beginnt dort,
wo du glaubst, daß sie aufhört …
… mach kenn Sache

Gerd Dudenhöffer

Der Urknall

Auf engstem Raume konzentriert,
Materie zusammenbleibt.
Dann mit dem Urknall explodiert,
das Weltall auseinandertreibt.

Gesetze werden inszeniert,
das Chaos hat sich jäh gebeugt.
Die ersten Brocken sind plaziert,
das Universum war gezeugt.

War's Zufall oder and're Werte,
die kosmisch haben dies gelenkt?
Doch so entstand auch unsre Erde …
Jo. Das hann ich mir gedenkt.

Ein Traum

Ich habe einen tiefen Traum,
den du, mein bester Freund, erfährst.
Er ist frei von Zeit und Raum,
wenn du mir kurz das Wort gewährst.

Ich stell mir vor, für alle Tage,
und nimm es auf in Ruh;
mein bester Freund, und nun die Frage …
… hallo, saa mo, schloofscht du?

Der Falter

Ein Falter springt, so trügt der Schein,
ganz unbeholfen durch die Welt.
Doch kann sein Flugbild nur *so* sein,
weil die Natur es hat bestellt.

Der Falter überlegt und mißt,
denn täglich wird man schlauer,
daß er auch keinen Baum vergißt …
… unn fliet voll an die Mauer.

Bis später

Ich ruf dich an.
Nein, du rufst mich.
Fragt sich nur wann?
Ich wart auf dich.

Nein, ich ruf an,
so um halb vier.
Wenn ich nicht kann,
läut du bei mir.

Nein, ruf doch nicht an,
ich bin besetzt.
Wenn's dreimal klingelt, dann geh ran …
… jaa … was dann jetzt?

Stau Barbara

Das Wetter wird persönlich nah,
wenn man Hoch und Tief mit Namen kennt.
Ein Tief heißt demnach Barbara,
das Hoch sich Alfred nennt.

Genauso häufig unpersönlich
sind Baustelln auf der Auto-Route,
ich fände es nicht ungewöhnlich,
nennt man sie schlichtweg, einfach: Ute.

Ich stau' seit Stunden in Sabine,
die Nerven völlig aufgerieben,
um wenig später in Christine,
zum x-tenmal auf der A7.

Ich stand in Rosi, kam in Rage,
geraume Zeit auf der A4.
Dann endlich seh ich die Garage,
unn dort steht's Gudrun uff de Dier.

Des Mannes Pflicht

Wenn man als Mann die Pflichten weiß,
gilt es zunächst ein Haus zu bauen.
Danach, das ist der Pflichten Preis,
den Baum zu pflanzen, mit Vertrauen.

Nun galt's den Sohn zu zeugen,
hier und heut in diesem Bett.
Sie *mußten* sich den Pflichten beugen,
ob Sie mich kenne odder net.

Des Weibes Freud

Ich weiß nicht, ob Sie mich noch kennen?
Sie hatten doch das Haus gebaut.
Drei Pflichten waren zu benennen;
wie geht's dem Baum, ob er schon aus der Erde
schaut?

Der Makler lacht als Dritter.
Der Baum, vergeblich Müh, daß man ihn säte,
Die süße Pflicht ist oftmals bitter,
ich hann entbunn, es iss e Mäde.

Blumen

Blütenvielfalt, bunt mit Band,
Sonnenlicht belebt die Farbe.
Festgebunden hält die Hand
das Naturgeschenk als Garbe.

Wie ein zarter Duftkurier,
meine Sinne springen hastig;
jede Blume spricht mit dir:
Eh, mir sinn aus Plastik!

Das Rehlein

Ein Rehlein zart, hübsch edelbraun,
saust äsend durch den Wald.
Das Herz zerspringt, nur beim Beschau'n,
doch plötzlich macht es halt.

Ein Wanderer durchquert das Holz,
hat auf den Tau gerotzt.
Das Rehkind denkt sich, ach was soll's,
bückt sich runter,
leckt unn kotzt.

Schweigen

Stille ist zu spüren,
denn das Schweigen bleibt versiegelt,
so, als seien alle Türen
dieser lauten Welt verriegelt.

Ich sprech so leise wie Gedanken.
Die Ruhe zaubert frommen Schauder.
Doch dein Schweigen läßt mich schwanken.
Ich verstehn kenn Wort,
dann schwätz doch lauter …

Opusculum

Sei sie proteisch, die res cogitans,
wär sie nicht einzubinden in Fayence.
Und aleatorisch die Relevanz,
so zöge sie mich doch in Trance.

Denaturierend und komplementär,
der Urgeist sei so just for fun.
Res cogitans mutiert zur Mär.
Saa mo, hascht du das do verstann?

Perfekt?

Komm näher, ich muß flüstern.
Schweig immer, sei besonnen.
Ich spür die Spannung knistern,
die Gold-Million hab' ich gewonnen.

Verschließ verbindlich deinen Mund.
Du mußt dein Wissen stets verhehlen.
Des ständig Schweigens wahrer Grund:
Sie werden uns bestehlen.

Perfekt gehütet mit Bedacht,
auch wenn der Wind mal schärfer bläst …
ein Fehler aber bleibt gemacht:
Das hann jetzt all geleest …!

Zauber

Der Zauberstab berührt die Frau,
die sich sofort im Kreise dreht.
Verwandelt sich in einen Pfau,
der fliegend auf die Reise geht.

So kreist er im Theater rund,
dann singt er auch noch Lieder.
Jetzt speit er Feuer, wird zum Hund,
sitzt auf 'ner Vase, blüht als Flieder.

Explodiert zum Sternen-Meer,
zeigt sich sodann als weißer Schwan …
Ein Mann ruft von weit hinten her:
„Das iss mei Fraa,
die gebbt nur an!"

Renate

Mir reicht's, schielt schief Renate!
Soll das denn etwa Tanzen sein?
Du bist im Bett nicht die Granate
und trittst mir laufend an das Bein.

Horst spürt die Röte der Blamage,
spült Komplimente immerzu.
Renate kommt noch mehr in Rage …
und Horst denkt,
dummi, bleedi, Kuh!

Die alte Dame

Eine alte Dame spricht,
grau und weiß an Haaren,
zu den Fischlein ein Gedicht,
denn sie füttert schon seit Jahren.

So steht sie am nassen Rand,
kennt den Lebenssinn.
Speist die Fischlein wie gebannt
unn fallt ninn.

Worte

Wir reden und wir sprechen.
Kann Lob mit Worten spenden;
auch kann man Worte brechen
und sie im Mund des anderen wenden.

Es wird erzählt und fabuliert.
Oft wird palavert, kurz berichtet
und fuchtelnd wird meist schwadroniert,
mit Wörtern viel gedichtet.

Das Wort wird oft verboten.
Die Sprache dient zur Hetze.
Der Worte sind genug geboten,
jetzt kann ich nicht mehr schwätze.

Der Jäger

Mit Bedacht, grün angezogen,
steigt der Jäger hoch in's Holz.
Treue Pflicht hat ihn bewogen,
Hegen bleibt sein ganzer Stolz.

Wartet mit geschliff'nem Glas,
fromm versunken im Gebet,
als im warmen Abendgras
das Reh auf einer Lichtung steht.

Der Waidmann schließt die Augenlider,
zieht seinen grünen Hut zur Ehre;
wir sehen uns bestimmt bald wieder,
met Rotkraut unn met Preiselbeere.

Weihnachtliche Klänge

Die Tage erfrieren und schneien hernieder.
Die Landschaft starr, wie in den Liedern bedacht.
Das Himmelsrot zeigt, das Christkind backt wieder.
Der Glanz in den Augen von Kerzen entfacht.

Und hörst du die Klänge, die weihnachtlich leisen?
Und ahnst du das Lachen der Flocken im Treiben?
Dann spürst du die Ruhe, die Engel anpreisen,
und hoffst, diese Stille soll ewig so bleiben.

So halte dich offen, für Heerschar-Posaunen.
Was machst du bei *Klingeling-Glöckchens* Ruf?
Ich werde gewiß weihnachtlich staunen …
Gehn an die Dier unn mache halt uff.

Die Gästeliste

Ich gebe bald ein großes Fest,
die Gästeliste übervoll.
Ich geh sie nochmal durch, zum Test,
ob wirklich jeder kommen soll.

Der erste Name stört mich schon.
Und *die*, ist die nicht blond?
Und *der* vergreift sich nur im Ton.
Ach und mit *dem* hab ich noch nie gekonnt.

Ist *dieser* nicht in der Partei?
Und *der* da ist doch schwul?
Auf keinen Fall die nächsten zwei,
die sind mir viel zu cool.

Der ist zu dämlich und zu laut.
Und *dessen* Frau lasziv.
Ob *der* nicht wieder Löffel klaut?
Und *sie* um acht schon schlief.

Ich streich *noch* vier, die ich nicht mag,
jetzt woll'n wir doch mal sehn,
wer übrig bleibt für diesen Tag …
Ich bin jo's liebscht alleen.

Computer-Stimme

Manisch, mit Computer-Segen,
gottverlassen weit im All,
forscht nach fernem Sternen-Regen,
nähert sich dem Sonnenball.

Eine Kapsel fliegt seit Mitte
letzten Jahres durch das Loch.
Mit an Bord die große Bitte,
rechnet alles durch und hoch.
Ein Computer meint, es wäre
unbedingt von Nöten,
sich zu schützen vor der Atmosphäre.
Denn man könnte zu sehr röten.

Alle Daten sind verglichen,
die Gewißheit schwebt im All.
Jeder Zweifel ist gewichen:
's Hitzeschild iss abgefall.

Onkel Hermann und Tante Elisabeth

Wenn der Kalender deutlich friert,
das Sonnenlicht die Tage bricht,
wird der November präsentiert,
tanzt auf den Gräbern Ewig-Licht.

Und wer nicht tot ist, der ißt Kuchen,
weil die Verwandtschaft jedes Jahr,
getreu dem Motto – zu besuchen –
um zu erzähl'n, wie's früher einmal war.

Ich hör vom Krieg, der längst passé,
daß ich an meiner Kommunion so fromm …
Gut, Onkel Hermann ist okay,
nur's Lisbeth schwätzt so domm …

Zwei Wünsche

Ich möcht so gern ein Fremder sein,
in diesem unsrem Land.
Wir sind nicht feindlich, nicht gemein,
weil man die Lichterkette band.

Wir demonstrieren, um zu zeigen,
und ständig ein Plakat parliert,
daß wir zur Fremdenliebe neigen,
daß Menschenrechte uns'ren Geist verziern.

Ich möcht so gern ein Fremder sein,
dies Land hier sei mein Platz.
Zwei Wünsche aber flecht ich ein:
Ich maan kenn Bambusröckche unn wär net schwarz.

Loreley

Oh rauher Schiffer halte jetzt
das Ruder fest in deiner Hand,
daß nicht auch du zu guter Letzt
stirbst an der schroffen Felsenwand.

Es klingt vom Elfenfels herab,
Odysseus kennt den süßen Schmerz.
Du bist zu nah am Wellengrab,
bezwinge fest dein Herz.

Willst Loreley du wirklich sehn?
Und hören ihren Liebesruf?
Laß deine Sinne nicht verwehn,
also, wie gesaad, baß uff!

Versöhnung

Nein, diesmal ist's bestimmt zu Ende.
Sie trennten sich zum zehnten Mal.
Ganz aussichtslos schien eine Wende,
Versöhnung? Jetzt? Auf keinen Fall.

Er flog nach Bombay, so wie immer,
sie checkte ein nach Prag.
Entfernung macht den Schmerz noch schlimmer,
ihr wurde klar, daß sie ihn mag.

Sie flogen kreuz, sie flogen quer.
Das Ziel war, nie mehr Streit.
Man flog sich ständig hinterher,
und Florida ist weit.

Man wollte sich nicht länger suchen,
die Welt ist weit, doch auch sehr nah.
Man trifft sich jetzt auf ein Stück Kuchen,
morje um Vier, bei C & A.

Herr Ober

Herr Ober, eine heiße Wurst,
mit einer frischen Schnitte.
Und zapfen Sie mir für den Durst
ein kühles Helles bitte!

Ich bringe Ihnen weder Wurst
noch eine frische Schnitte.
Auch zapf ich nichts für Ihren Durst,
verstehen Sie das bitte.

Na schön, dann eben *nur* 'ne Schnitte,
in Gottes Namen ohne Wurst,
wenn ich Sie höflich darum bitte,
ich hab auch *keinen* Durst.

Es tut mir leid, nicht mal *ein* Bissen.
War dieses Restaurant auch stets der Clou,
Sie sollten jetzt ganz einfach wissen:
Der Lade iss seit vier Daa zu.

Der Baum

Im Schatten meiner Eltern Haus,
wo heut die alte Bank zerbrochen,
sproß zwischen Fugen Grün heraus
und kam an's Tageslicht gekrochen.

Daß dies ein kleiner Baum, war klar.
Wir Kinder liebten und beschützten ihn.
Wir wurden kleiner, Jahr für Jahr,
die Sonne zog ihn zu sich hin.

Vögel wohnten in den Zweigen,
von grünem Blätterreigen zugedeckt,
und in des Baumes Schattenschweigen
ward mancher Bubenstreich versteckt.

So sah er oftmals Tod und neues Leben,
beschenkt von der Natur mit Lebensraum;
uns zu beschützen war sein Streben,
er ist ein großer, stolzer Baum.

Hier steht er nun seit fünfzig Jahren,
das Baumhaus, das es einmal gab,
zerbrochen, weil es frühe Träume waren …
… unn morje, mach ich ne grad ab.

Erinnerung

Du hast den schönen alten Baum geschlagen?
Auf dem vor vierzig Jahren wir gewohnt?
Der uns in all den Kindertagen
mit Schatten als Versteck belohnt?

Welch häßlich grobe Wunde?
Dein Vorsatz hatte welchen Zweck?
In mir lebt weiter jede Stunde …
Machscht du jed' Johr die Blätter weg?

Zyklus

Wenn das Sonnenlicht den Dunst pastell,
wenn Nebel zart den Horizont verwischt,
das Abendrot verschluckt das Hell,
der Tag nun zaubergleich erlischt.

Wenn die Natur mit Schöpferkraft
sich so in Andacht übt,
Unendlichkeit sich Freiheit schafft,
mir kleinem Mensch das Dasein trübt.

Dieser Zyklus sei Gebot.
Will der Kosmos wirklich, daß ich bleibe?
Ich wünschte mir, ich wäre tot.
Ma kann's a übertreibe …

Der Stern

Wenn Sternenlicht die Nacht durchsiebt,
der große Wagen deutlich steht,
der Astronom die Lehre liebt,
weil ihm im Kosmos nichts entgeht.

Er spricht von Sternen und Planeten,
von Nebeln, die sich zu Spiralen
dicht bündeln, um sich zu verkneten,
und Sonnen, die längst nicht mehr strahlen.

So steht der Astronom mit leeren Händen,
das Augenpaar sticht wie zwei Fühler
in's dunkle Tief, das nie will enden.
Mei Stern steckt uff'm Kühler.

Ballett

Meine Lenden ziert Chiffon.
Weiß bestrumpft das schlanke Bein.
Glitzernd Lüster am Plafond …
… Schwanensee, nun bin ich dein.

Märchenhaft grazil die Geste
tanz ich auf der Zehen Spitze,
so als blühten Frühlingsäste,
und das Diadem schickt Blitze.

So halte dir mein Publikum,
genieß die Grazie mit Bedacht,
Ballett als ein Refugium,
gelacht werd an de Fasenacht.

Ein neuer Tag

Der Wald duscht sich im Morgenlicht.
Ein Kuckuck ruft weit, unerkannt.
Wenn Nebel an den Ästen bricht,
zeigt sich der Himmel blaubespannt.

Die Sonne schiebt von Osten her,
treibt Schatten auf die Wanderschaft,
schickt diese wie ein großes Heer,
das immer schweigt und Frieden schafft.

Hat Gott uns diesen Tag geschenkt,
der uns in stiller Andacht so gefällt?
Wenn man bei aller Freud bedenkt,
die hann für heit doch Reen gemellt …?

Französisch

La fleur est tous alors.
Monsieur comme c'est fitou.
Et toute retars color,
ca creme midi le clou.

La rome plaisir d'accord.
rester, amier l'istienne
et toi aller resor,
franzesisch mißt ma kenne.

Überfall

Mit einer Waffe in der Hand
und dem Befehl sich hinzulegen,
mit einem Damenstrumpf, denn unerkannt,
läßt sich ein Überfall bewegen.

Zehntausend Mark! Und kein Alarm!
Doch stopft man hastig, ungezählt
bestimmt das Doppelte in Diebesarm.
Das iss zuviel, ich hann kenn Wechselgeld …

Der Bildhauer

Der Künstler treibt mit Meißelkraft,
zwingt den Stein in Form.
Sein Lebenswerk sehr plastisch schafft,
die Kunst kennt keine Norm.

Er schlägt Basalt, er haut Granit,
schleift Marmor blank, der Kunst zum Nutz'.
Aus Sandstein ward ein Monolith,
unn omnds, do haut er uff de Butz.

Dazwischen

Gesetzt den Fall, ich lieg daneben,
säß auf der Erde Grasgeflecht,
dann läg ich falsch in dem Bestreben,
denn zwischen Stühlen sitzt man schlecht.

Geduld scheint klug, bis alles sich gesetzt.
Leg dich zurück im weichen Sessel;
du liegst daneben, denn gehetzt …
… sitzscht du dich in die Nessel.

Lebenslüge

Längst hat er sich ausgeklinkt,
ausgebrannt der Lebenswille,
denn die Minute, die noch bleibt, schwingt
unaufhaltsam bis zur Stille.

Langsam löst der Wahn das Herz.
Willenlos entkrampft die Hände,
aus dem Körper schwebt der Schmerz,
so, als ob er Glück empfände.

Er steht frei, die Brücke schweigt.
Schwarzes Tal die Nacht verwischt,
bis er sich nach vorne beugt,
und ein Seelenlicht erlischt.

Alle kannten ihn als heiter.
Jeder ihn als Freund benennt,
doch das Leben geht schnell weiter …
Ich hann ne so gut wie net gekennt.

Der Gewürztraminer

Den Gewürztraminer spät gelesen,
von steten Sonnenstrahlen ausgereift
und war's ein großes Jahr gewesen,
des Kenners Blick den Wein begreift.

Tiefgelb im Glas, dreht er die Runde,
manch schweren Tropfen schnapp ich,
die süße Frucht schmeck ich im Munde …
Ach, iss das Glas so babbich.

Advent

Wenn der Kalender bald die Tür verriegelt,
das Jahr sich so zum Ende neigt,
der Adventskalender, noch versiegelt,
glitzernd weiße Weihnachts-Bilder zeigt.

Schokolade steckt dahinter,
alle freuen sich auf's Fest.
Doch die Mutter staunt nicht minder …
Der hat die ganz Schoklad gefreßt.

Zeit

Um zu sagen *Jetzt* und *Heute*,
um uns ja nicht zu verfehlen,
zeigen Zeiger mit Geläute,
Stunden kann man sich nicht stehlen.

Doch *die* Zeit, die uns regiert,
kennt Minuten nicht und Stunden.
Weil sie kosmisch delegiert,
nur, der Mensch hat sie erfunden.

Jeder hat sein Zeitpaket.
Ungeachtet jeder Uhr.
Zeit hat nur, wer sie versteht.
Morje um Acht kommt die Müllabfuhr.

Gottes Stimme

Des blauen Meeres vertraute Brandung
speit das Lied der Urgewalt,
weil des Schauspiels zeitlos Handlung,
wellengleich stets widerhallt.

Auch in mir steckt diese Kraft.
Gebt *mir* des Meeres mächtig Stelle.
Gottes Stimme aber straft:
Mach kenn Streß unn mach kenn Welle.

Fax

Ich würd dir gern was sagen,
wir sprachen uns nie aus.
Will mit dir reden, gar nicht klagen,
ich sag's jetzt frei heraus.

Ich faß Mut, dann wieder nicht;
Worte werden weich wie Wachs.
Schau mir nicht so in's Gesicht …
Ich schick dir morje früh e Fax.

Der größte Dieb

Ich war der größte Dieb aller Zeiten.
So erklomm ich senkrecht die Fassaden,
man sah mich über Dächer gleiten,
genoß des nachts die Eskapaden.

Ich raubte die Tresore leer
und klaute auch des Gärtners Torf,
die Wüste hat keine Bäume mehr …
Komm, jetzt loß die Kerch im Dorf.

Scheingefecht

Sie marschierten wie ein Heer aus Eisen.
Sie überfielen mich wie eine Plage.
Sie wollten es der Welt beweisen.
Sie gaben kund das Ende meiner Tage.

Sie schoben Waffen, nicht nur das,
ihr Kampfgeschrei weckt' alle Geister.
Sie hetzten mich aus purem Spaß,
Don Quijote scheint, ist ihr Meister.

Sie kriechen über's dunkle Schlachtfeld,
kein Mensch kann ihre Banner sehn.
Ein Tor, der sie für eine Macht hält.
War's das jetzt? Ich müßt jetzt gehn …

Träume vor der Tür

In voller Pracht Magnolien blühn.
Tränenreich die Violinen weinen.
Weiße Wellen, die sich mühn,
meine Wünsche zu vereinen.

Kolibris, die Nektar kosten.
Gedanken fest an Träume angelehnt,
doch ich werde bald verrosten,
weil, ich grien die Dier net uff unn's reent.

Bumerang

… jetzt hab ich einen Bumerang,
der kreist und dreht sich elegant.
Er fliegt da vor, dann so entlang,
zurück in meine Hand.

Was habe ich schon angestellt;
er kommt zurück zum selben Ort.
Der fliegt bestimmt auch um die Welt.
Ich schmeiß das Ding jetzt fort …

… jetzt hab ich einen Bumerang …

Die Sprache

Wenn Große ihre Köpfe stecken
in bewohnte Wiegen,
können sie Interesse wecken,
bei den Kleinen, die da liegen.

Doch die Sprache aller Großen
scheint recht sinnlos, wie ich find.
Laute werden ausgestoßen,
und es schreit das Kind.

Allerdings, ich mach es richtig.
Beug mich runter zu dem Floh;
deutlich sprechen, das ist wichtig:
Eidiwudiwudilo …

Wolkenbruch

Wenn Winde Wolken zueinandertreiben,
sie schwarz vermengen, gar zur Wasserlast,
dann wird es schwer, das zu beschreiben,
was kurz darauf zur Erde rast.

Millionen Tropfen stürzen frei,
zum Wolkenbruch-Paket geschnürt,
und ungehört der Menschen Schrei,
wie eine Seifenblase sich verirrt.

Als sei die Sintflut ausgebrochen,
keine Kreatur find' Schutz.
Die Angst kommt in dir hochgekrochen,
an deiner Jack fehlt die Kapuz.

Von A bis Z

So mancher, der nicht weiter weiß,
schlägt nach im Lexikon,
er blättert weiter auf Geheiß,
denn Z kommt erst nach Y.

Sie blättern hier und schlagen dort,
im Duden zwischen A und O;
sie schlagen nach, als wär's ein Sport …
Ich schlaan jo mehr mei'm Vatter no.

Do it yourself

Ich hau mir auf den Daumen,
mit einem Eisenhammer,
so daß nach kurzem Staunen,
dem Schmerz folgt prompt der Jammer.

Es blutet viel, es blutet weit,
Heimwerken ist ein Laster.
Man werkelt, auch wenn's zum Himmel schreit …
Hätte Sie e Plaschter?

Stürme

Stürme rasen diebesgleich,
überrascht zeigt sich das Land.
Mächtig ist ihr dunkles Reich,
reißen alles aus der Hand.

Stehlen Bäume vieler Wälder,
fallen über Nächte her.
Legen Ähren flach auf Felder,
bauen Wolkenburgen über'm Meer.

Stürme toben oft im Bunde,
kommen wieder als Orkan.
Reißen gleich die nächste Wunde,
unbestimmt der Tobsucht's Bahn.

Immer öfter rasen Winde,
blasen Götter ihren Groll.
Ohnmacht lähmt mich, wie ich finde …
Oh, bloos mich voll!

Bloos mich voll: Rutsch mir den Buckel runter

Das Kaleidoskop

Eine bunte Zauberwelt
steckt in dem Kaleidoskop,
je nachdem wie man es hält,
ist das Muster klein, mal grob.

Schmetterlinge bunt im Glase,
Träume funkeln, die sich drehn;
all das tanzt auf deiner Nase,
Zauber lassen es geschehn.

Zauberwelt? Ich sehe keine.
Leuchtet nicht. Der Schein bleibt stumm.
Hör mir zu, beacht das eine:
du haltscht das Ding verkehrterum.

Waidmanns Pech

Auf der Jagd wird gern geschossen,
scharf ist jede Munition,
und man zielt ganz unverdrossen,
zeigt sich was, dann knallt es schon.

Einmal war's die Frau vom Treiber,
letztes Mal des Freundes Frau;
unterschiedlich sind die Leiber,
mal ein Mensch, mal eine Sau.

Diesmal doch ist zu beklagen:
Auf des Jägers Gattin Schrot.
Betroffenheit nach solchem Jagen.
Eh, wer bloost dann do: SAU TOT?

Müll

Das Tier markiert schon immer gleich.
Der Mensch markiert mit Plastik.
Er ist dabei ideenreich,
verteilt den Müll recht hastig.

Zum Beispiel hier, ich kenne solche Landschaft,
besonders diese Gegend,
geprägt von der Naturverwandtschaft
und Denken ist oft geistbewegend …

So fällt mir ein, ich war schon da,
das Trauerbild ist alt.
Hier ist's wie es schon immer war …
Ich glaab ich stehn im Wald?

Heilige Nacht

In jener stillen, heil'gen Nacht,
in der ein Stern als Zeichen stand,
sind Hirten auf dem Feld erwacht,
denn Engel waren ausgesandt.

Die frohe Botschaft schickte sie,
dem Stern entgegen, zu dem Stall.
So pilgerten denn Mensch und Vieh,
nach Bethlehem von überall.

Ein Hirte, der ganz fromm und brav
vor jenem Stall in dieser Nacht,
auf seinen Schultern hielt ein Schaf,
in aller Stille nachgedacht.

Wenn ich jetzt öffne diese Tür,
wen ich wohl auf dem Stroh treff?
Er tat dies mit viel Feingespür
und rief:
Jesses, Maria unn Josef!

Die heiligen drei Könige

Auch Könige, es waren drei
und heilig obendrein,
sie reisten von recht weit herbei,
sie klopften an und traten ein.

Der erste König hatte Gold gebracht,
der zweite legte Weihrauch an das Strohgeripp',
der dritte stand drauß in der Nacht …
Ich glaab, ich hann die Gripp.

März

Der dritte Monat eines Jahres
heißt März, mit einunddreißig Tagen,
ich hab ihn abgelebt, das war es;
jetzt werd ich den April annagen.

Der März ist also alt und leer,
ein neuer Monat kommt beherzt.
Der März ist kalt, ihn gibt's nicht mehr,
ich hann ne quasi ausgemerzt.

Im Theater

Damen in Satin gegossen,
schwarzer Frack, die Herrn daneben.
Doch bevor Applaus geflossen,
wird der Vorhang sich noch heben.

Endlich lösen sich die Lichter
langsam mit dem Dunkel ab.
Nicht nur Freude zeichnet die Gesichter,
weil es dazu Anlaß gab.

Statt nach vorne auf die Bühne,
blickt man seitlich, zwar nur korz,
und man forscht mit stummer Miene …
… saa mo, loscht du grad e Forz?

Der Käfer

Ein schillerbunter Käfer krabbelt,
durch tiefes, feuchtes Gras.
Die Blätter runter, hoch und zappelt,
das Leben macht ihm tüchtig Spaß.

Ein Wandersmann pfeift froh ein Lied,
auch er bemerkt, was Gott so schuf.
So nimmt er großen Schritt für Schritt
unn tappt druff.

Die letzte Nacht

Die letzte Nacht hängt in den Kleidern.
Ich hing am Tisch, du mir am Ohr.
Ich wußte, dieser Abend würde scheitern,
solche Hänger kommen vor.

So hingen wir dann doch zusammen,
wir zogen uns're Kleider aus;
wie hing das alles bloß zusammen?
Du hängscht mir zum Hals eraus.

Pfunde

Die Unendlichkeit des Hosenbundes,
die Unbekümmertheit der Kalorien,
die fette Schwere jedes Pfundes,
denkt nicht daran, die Konsequenz zu ziehn.

Und wenn der Gürtel noch so jammert,
die Waage bleibt versteckt.
Auch wenn der Hosenbund sich an mich klammert,
ich esse, weil's ma schmeckt.

Der Osterhase

Die frisch bemalten Waren
des Osterhasen glänzen.
Er hopst nach jährlichem Verfahren,
die leeren Nester zu ergänzen.

Die Eier werden bunt verteilt,
und schaut, wie schnell das geht!
Wie hat der Hase sich beeilt …
Ich glaab, ich hann newer's Nescht geleet?

Die Banane

Warum ist die Banane krumm?
Eine Frage wird zur Lehre.
Und ich frage einmal dumm,
was, wenn sie gerade wäre?

Krümmt sie sich als Pessimist?
Wär sie gerne ein Lineal?
Nimmt sie's krumm, weil krumm sie ist?
Oh, das iss mir grad egal.

Mein Liebchen

Mein Liebchen, oh Täubchen, du edle Süße,
du läßt mein Inn'res nicht in Ruh.
Ich läg so gern auf einer Wiese
und spielte mit dir Blindekuh.

Oh Hermann, öffne doch dein Augenlicht.
Ich bin entblößt, mein Busen rund.
Seit einer Stunde schaust du nicht,
du bischt unn bleibscht e bleeder Hund.

Der Specht

Ein bunter Specht klopft ständig an.
Der Baum hat nämlich eine Rinde,
weil man dort Futter finden kann,
das heimgebracht wird, zu dem Kinde.

Am Stammesende klopft seit Stunden,
ein Waldarbeiter, schwer auf Trab.
Dann endlich ist der Baum entbunden;
der Specht kloppt net, jetzt sterzt er ab.

Das Modell

Ein Modell, das gazellengleich
die Tücher seines Schöpfers zeigt,
und jeder sofort neidvoll bleich
den Blick zur Seite neigt,

wird Jubel ernten, füllhornvoll,
Applaus, der tosend schallt.
Denn alle finden sowas toll,
Wenn's ausrutscht, stolpert unn dann fallt.

Eine Krähe?

Wenn vor dunklen Abendwolken,
Krähen, schnipselweise, wie Papier
flatternd so dem Winde folgen,
spür ich, das wär mein Revier.

Ich füg mich ein in's Wolkentreiben,
vergäß im Flug den Erdenschmutz.
Bin *keine* Krähe, ich muß bleiben,
ich bin unn bleib e armi Wutz.

Dichtung

Ich könnte dichten, was das Zeug hält,
Worte schieben und verbiegen.
Ich weiß, daß mir was einfällt,
wär wegen Eigenlob nicht mal verschwiegen.

Zwei Flügel offen, aufgerissen,
des Dichters Handwerk dient hier nicht.
Mein letzter Reim hat sich verschlissen,
ich grien das Fenschter do net dicht …

Graue Schleier

Wenn graue Schleier mich verbinden
mit ihrer Maschen schweren Trauer,
seh ich das Licht der Farben schwinden,
die Regenbogen spannen schwarzen Schauer.

Und Teufel tanzen in dem Feuer,
die tiefe Glut reicht mir die Hand.
Das Gute bricht aus dem Gemäuer,
die heil'gen Engel sind verbannt.

Oh Schwermut spann dein schwarzes Tuch,
schnür graue Schleier über mich.
Apokalyptisch reitet der edle Fluch …
Ich glaab, ich hann e Stich.

Dieter

Ach, sieh mal an, der edle Dieter,
der mich um hundert Mark betrogen;
zwei Jahre sah ich dich nicht wieder,
du hast mich schamlos angelogen.

Der Kinnschlag war des Geldes wegen.
Der Fausthieb galt der Lüge;
du bist nicht mal ein Gramm verlegen,
so kenn ich deine feinen Züge.

Mit Schlag und Tritt straf ich dich wieder.
Mein Schirmknauf ist sehr hart gedrechselt.
„Moment, ich heiß ja gar nicht Dieter!“
Ah, ei dann hann ich sie verwechselt.

Frage

Ein Baum mag wieviel Blätter haben?
Nichtmal im Herbst kann man sie zählen,
wenn Wind und Wetter an den Ästen schaben,
um Laub und Boden zu vermählen.

Sie schweben weg, man merkt es kaum,
die Zeit legt sie in's Winterbett.
Wieviel Blätter hat der Baum?
Ich weeß es net.

Mixer

Ich habe einen Mixer,
der dreht sich rasend schnell.
Er ist ein ziemlich fixer,
rückt allem auf die Pell.

Er quetscht die süße Traube,
zerschlägt gern rotes Kraut.
Er hätt auch eine Haube,
jetzt isses Hemd versaut.

Wilhelm Tell

Wilhelm Tell, gelernter Schütze,
zielte gern auf fremde Leute,
und der Armbrust Pfeiles Spitze,
nahm den Apfel sich zur Beute.

Treu der Vorsatz, Obst zu teilen,
unverletzt das Hirn,
zielt man tiefer mit den Pfeilen,
trefft ma halt die Birn.

Der Drache

Siegfried zwang mit Mut und Kraft
manchen Drachen in den Speer.
Sein Geschick ist sagenhaft,
Feuerspeier haben's schwer.

Wieder speit ein Lindwurm-Rachen,
kein Erbarmen, reißt das Futter.
Töte, Siegfried,
den schlimmsten aller Drachen!
Der Drache
iss mei Schwiechermudder!

Der jüngste Tag

Wenn die Zeit sich von den Uhren trennt
und alle Völker sich erheben,
wird aufgerufen zu *dem* Konvent,
der abschließt alles Erdenleben.

Es gibt kein Schwarz, kein Gelb, kein Weiß,
nur Menschenkinder Hand in Hand.
Und jeder Gott schließt nun *den* Kreis,
den man *den Sinn des Lebens* hat benannt.

Millionenfach die Völkerschar.
Auch du fühlst dich bereit,
und die Erkenntnis scheint dir klar,
Jesses, was e Haufe Leit …

Hände

Bündnistreue hat meine Hand entflammt,
fest im Glauben an dein Wort.
Hab' denn das Feuer ich verkannt?
Schleicht sich die Freundschaft heimlich fort?

Reich mir deine helfend' Hand.
Lösch die Flamme, daß am End'
ich den Freund doch wiederfand …
Nä, ich hann mir erscht de Mund verbrennt.

Odysseus

Er wollte einen Ausflug machen,
es wurde eine Odyssee.
Allmählich war's nicht mehr zum Lachen,
Sirenen sangen, das tat weh.

Vor der antiken Loreley
wollt mancher sich verkriechen,
doch die Sirenen lockten sie herbei,
kein Grieche war entwichen.

Odysseus selbst, bat um die Kette,
stopft meine Ohren voll mit Stroh.
Die Sirenen heulten um die Wette.
Vielleicht brennt's jo irchendwo …?

Liebe

Die ganze Nacht war voller Liebe.
Sie küßten sich, das Licht war aus.
Die Stunden schlichen sich wie Diebe
sekundenweise aus dem Haus.

Ein Fensterflügel brachte kühl,
die Lust der Hitze war längst weg,
um vier Uhr früh so das Gefühl,
ich glaab, ich hann die Freck.

Freck: Erkältung

Frau Sutter

Frau Hedwig Sutter steht im Bad
und zieht mit rotem Strich den Mund.
Sie denkt bei sich, es wär doch schad,
und malt sich dabei bunt.

So steigt sie in die Männerwelt,
die Blicke und ihr Herz sind willich.
Ein Herrenopfer, das gefällt,
meint knapp,
ach Gott, wie billich.

Für Oma

Ein Löffelchen für Oma.
Ein Löffel für den Hund.
Spinat hat viel Aroma,
ist außerdem gesund.

Die Oma wird sich freuen.
Die Bäckchen werden rot.
Du sollst nicht wiederkäuen!
Ei, die Oma iss doch dot …?

Sehnen

Sekunden sind minutenlang,
die Ewigkeit besteht aus Stunden.
Das Sehnen wird zum bösen Zwang.
Die Zeit scheint sich zu überrunden.

So leide ich an all den Tagen,
als füll ich Löcher in ein Faß;
ich wagte nicht, es dir zu sagen.
Ei du bischt spassich, dann saa doch was.

Der Vulkan

Wir wissen, daß der Kern der Erde,
unruhig und mit großer Hitze,
sich mit dichter Urgebärde
durchfrißt bis zur Bergesspitze.

Der Vulkan bricht aus und tötet.
Lava kriecht als zäher Brei.
Und der Himmel bleibt gerötet …
Ach iss das e Sauerei.

Glückwunsch

Herzlichen Glückwunsch, du bist prächtig.
Sechzig Jahre, ohne Falten.
Deine Spannkraft ist so mächtig.
Mensch, du hast dich toll gehalten.

All die Jahre haben dich geprägt.
Sechzig Jahre und noch fleißich.
Dich hat keiner abgesägt …
Vielen Dank, ich bin erscht dreißich.

Schnee

Oh, welch herrlich weiße Zauberwelt?
Das tat Frau Holle, mit viel Fleiß.
Als habe man den Schnee bestellt,
bestreut liegt alles weiß.

Die helle Pracht, das Flockenkleid,
wie Bleikristall auf jeder Kuppe.
So kam es leis herabgeschneit …
Mir hann Sommer, das sinn Schuppe.

Du

Du bringst mich zum Träumen.
Du schaffst es, daß die Seele bebt.
Du bringst mich zum Schäumen.
Du schaffst es, daß die Wüste lebt.

Du bringst mich um den Verstand.
Du schaffst es, daß ich nur Staffage.
Das bringst du alles ganz galant.
Aber meischdens bringscht de mich in Rage.

Eine Perle

Eine Perle aus Tau rinnt über Blätter
und glänzt wie ein Rubin,
wird dabei auch noch groß und fetter,
sie strebt zum Boden hin.

Dort stehe ich, betracht das Tropfen,
auf einer trocknen Wies'.
Dann spüre ich das Tropfen klopfen,
jetzt hann ich nasse Fieß.

Der Löwe

Wenn im Zoo fest hinter Gittern
Tiere sich den Mensch betrachten,
zögert dieser nicht, zu wittern,
jenen Löwen zu entmachten.

Sich're Blicke will ich wagen,
habe dafür einen Riecher,
hör den Löwen förmlich sagen,
Chef, ich bin e Ticher.

Liebesspruch

Ich forsche tief in deinem Blick,
auch wenn du deine Augen schließt.
Und keine Macht reißt mich zurück,
weil Liebe Öl in's Feuer gießt.

Ich sehne mich, daß du mich magst.
Will hoffen immerzu.
Ich fleh dich an, daß du was sagst,
unn dann loß mir mei Ruh.

Kraniche

Kraniche malen ihre Formation
in das weite blaue Feld,
und die Wolken ziehn aus Tradition
mit dem Vogel weiter um die Welt.

Vater vorne teilt den Wind.
Flügelschlag gleicht einer Flagge.
Ganz am Schluß müht sich das Kind;
ich schlaan dem Alt gleich an de Backe.

Des Freundes Verstand

Du trägst, mein Freund, in deiner Hand
ein Glas vom besten Wein.
So atme ihn mit viel Verstand
weit in deine Seele ein.

Jetzt koste ihn und sage mir,
was dein Verstand erforscht?
Der Freund setzt an und stürzt mit Gier;
ach, hann ich e Dorscht.

Süßes Leben

Ich lieg auf einer Ottomane,
mir wird Obst und Wein gereicht.
Und wenn ich glaube, was ich ahne,
mein Leben dem der Römer gleicht.

Lakaien fächern kühle Brise,
das süße Füllhorn tröpfelt stets.
Ich wähne mich im Paradiese.
Herr Dokter, wenn ich leije geht's.

Die Arche

Nächtelang hat es geregnet,
hab den Plan der Arche in der Hand,
für das Höhere bin ich gesegnet;
unter mir ertrinkt das Land.

Jed' Geschöpf ist mitgebracht;
folg in Demut Gottes Stimme.
Auch an dich hab ich gedacht,
ich hoffe nur, kannscht schwimme.

Ehrfurcht

Nebel liegen eingegossen,
schweben satt im Tal.
Und die Natur zeigt unverdrossen
diesen malerischen Gral.

Schwere Stille hält gefangen,
nur die tiefste Ehrfurcht reicht.
Hat so alles angefangen,
weil es einem Wunder gleicht?

Armer Mensch, so steh' ich da,
ohne Mut es zu verstehn.
Mir wird plötzlich zwingend klar,
das do iss arich scheen.

Die Brille

Die Parallaxe kommt nach Jahren,
wenn Aug um Auge, zwar nicht blind,
schlicht zu der Einsicht, doch erfahren,
daß Arme halt nicht länger sind.

Man sitzt bei'm Doktor auf dem Hocker,
ahnt Zahlen, projiziert vom Schein.
Mit einer Brille weiß man locker,
daß dies 'ne Drei … 'ne Acht … 'ne Null kann sein.

Ich werde eine Brille tragen.
Der Preis scheint mir noch wichtich.
Zweitausend Mark, hör ich die Rechnung sagen,
Herr Doktor, ich glaab ich hör net richdich.

Geschmäcker

Wenn ausgewählte Provenienzen
sich als Schlaraffenland verstehn,
dann können alle Ingredienzen
getrost dem Meisterkoch in's Auge sehn.

Wenn jener nun, den Göttern gleich,
die Küche zum Olymp bestimmt,
ist bald die erste Wurzel weich,
und an der Farce fehlt etwas Zimt.

Der Gourmet läßt frei die Sinne schweben.
Er genießt die Raffinesse.
Der Gourmand probiert mal eben:
Jo, ma kann's esse …

Der Pool

Ein Pool erfrischt.
Das ist *nicht* richtig.
Mich hat's erwischt,
denn eins ist wichtig:

Der Pool kühlt *nicht*.
Das Wasser *sehr*.
Hätt ich verzicht!
De Pool war leer …

Weitblick

Das Fenster scheint von Glas befreit,
die Blicke strömen in die Nähe.
Das Weite ist mir viel zu weit,
ich glaube nur, was ich auch sehe.

Die Toleranz verspielt sich in der Ferne,
weit draußen, jenseits aller Optik,
in etwa gleich, dem großen Bild der Sterne …
Tja, es fehlt halt doch de Weitblick.

Frühe Liebe

Ich habe dich sehr gerne,
so flüstert früh die Liebe.
Und jeder Streit liegt ferne,
was mancher unterschriebe.

Doch mit der Zeit kommt Zweifel,
es schimpft schon mal der Mann.
Sie zieht dann in die Eifel;
du kannscht mich gere hann.

Der Klappstuhl

Ein Klappstuhl, der mit Köpfchen steht,
steht zur Verfügung, sich zu setzen.
Man muß nur wissen, wie es geht,
sonst legt man Holz und Tuch in Fetzen.

So trägt der Klappstuhl seinen Namen;
weil er nicht will und ständig schnappt.
Du stehst verzweifelt vor dem Rahmen …
Wie? Hat's net geklappt?!

Und dann?

Dann sitzen wir auf einer Wolkenbank,
genießen Wein aus Engelstränen,
und Schwanenschwingen, die um uns gerankt,
beflügeln, uns im Paradies zu wähnen.

Die Süße deiner zeitlos Liebe
mein Herz erfüllt mit Rosenduft.
Dein Wesen zart wie Blütentriebe,
der laue Wind dein' Namen ruft.

Die goldnen Becher, die wir halten,
mit Glück gefüllt, sind randhoch voll.
Die Unzertrennlichkeit soll uns verwalten.
Selbst Amor seufzt:
„Ach wie geschwoll."

Verzeichnis der Gedichde

Verzeichnis der Gedichtanfänge